CHRISTIAN RUBI · HOLZBEMALEN

HOLZBEMALEN
UND ANDERE ZIERTECHNIKEN

EINE ANLEITUNG VON
CHRISTIAN RUBI

OTTO MAIER VERLAG RAVENSBURG

LIZENZAUSGABE FÜR DEUTSCHLAND UND ÖSTERREICH
AUF GRUND EINER VEREINBARUNG MIT DEM
VERLAG HANS HUBER BERN
DIESE AUSGABE DARF NICHT IN DIE SCHWEIZ GELIEFERT WERDEN

TYPOGRAPHIE, LITHOS UND DRUCK:
POLYGRAPHISCHE GESELLSCHAFT LAUPEN/BERN
PRINTED IN SWITZERLAND 1979
OTTO MAIER VERLAG RAVENSBURG
ISBN 3-473-42335-1

INHALTSVERZEICHNIS

VORWORT

Dieses Buch will zum farbigen Zieren anleiten. Es möchte all denen ein Helfer sein, die sich gestalterisch betätigen möchten.

Wie die Bestände der Stadt- und Bauernhäuser, der Museen und Privatsammlungen zeigen, wurde in den vergangenen Jahrhunderten ausgiebig ornamentiert; die Zier war häufig sogar wesentlicher Bestandteil der Architektur. Das Ornament ist beinahe so alt, wie die menschliche Kultur. Sein Charakter wandelte sich nicht sprunghaft. Jede Generation übernahm willig Form und Motiv von der vorhergehenden. Kopieren und Abwandeln waren selbstverständlich. Was die Vorfahren geschaffen, galt als Norm und Vorbild; niemand hatte den Ehrgeiz, Neues zu erfinden, im Gegenteil. Anerkennend schulte man Auge und Verstand am Ziergut der Vergangenheit, und so kam es, daß der Ornamentist mit jener Sicherheit gestaltete, die wir heute bewundern.

Diese Sicherheit ergab sich aus dem Besitz eines traditionellen Schatzes von Motiven, der jederzeit verwendet und auch abgewandelt werden konnte.

Dazu muß sich der heutige Zierkünstler allerdings noch andere grundlegende Dinge aneignen. Das sind Kompositionsregeln, Erfahrung im Farbenmischen und Farbenanordnen und das Wissen um die maltechnischen Mittel.

Da die farbige Zier am Haus und Möbel fast so alt ist, wie das Kulturschaffen, haben gewisse Ornamentarten ein Herkommen und eine Entwicklung, die über mehr als ein Jahrtausend reichen. Ihr Wesen ist also zeitlos und entspricht auch der heutigen Zeit.

So wurde das Flechtornament von den Germanen Nordeuropas ausgestaltet und vielfach verwendet. Es fand dann auch in der frühmittelalterlichen Buchmalerei der Klöster seinen Platz. In der Renaissance kam es in die kalligraphischen Vorlagebücher Italiens und von da aus in die Vorschriftwerke. Sie wurden in Nürnberg zur Zeit Dürers und nachfolgend im 16. und 17. Jahrhundert in vielen Städten Deutschlands, Frankreichs und der Schweiz geschaffen und gedruckt. Von hier aus war es ein kurzer und leichter Weg in die ornamentale Malerei.

Auch das Blumenmotiv findet sich schon im Ornament der Kulturvölker des Altertums. Aber auch im Mittelalter wurde es verwendet, und zwar in oft recht naturalistischen Formen. Es sei an die Kunst der Gotik und an die der Renaissance erinnert.
In der volkstümlichen Zierkunst errang die Tulpenform Ende des 17. Jahrhunderts eine beherrschende Stellung.
An ihrer Seite stand häufig die aus der aufgeteilten Kreisfläche herausentwickelte Rosette, ebenso dutzend-, ja hundertfältig abgewandelt. Daß bei der damaligen Zierfreudigkeit auch noch andere Blütenformen verwendet wurden, ist selbstverständlich. Vorbilder boten die Nelke, welche in Stadt und Land gepflegt wurde, der im Ziergut ganz Europas verwendete Granatapfel und viele andere, botanisch nicht bestimmbare Formen.
In der Schablonenmalerei spielte sodann die im 16. Jahrhundert aus der islamischen Kunst über Venedig und Spanien nach Europa eingewanderte Arabeske eine große Rolle. In Paris, Nürnberg und anderwärts gedruckte Vorlagebücher machten sie dem städtischen und ländlichen Zierkünstler bekannt. Der alte Ornamentmaler hat also unentwegt aus andern Händen ihm vorbildlich oder zweckmäßig scheinendes Ziergut entgegengenommen und es auf seine Weise verarbeitet. Wer heute ähnlich vorgeht, befindet sich folglich in guter bewährter Gesellschaft.

Gekreuzte Diagonallinien teilen eine Fläche fürs Auge sehr angenehm auf. Bei diesem Entwurf sind die Seiten viergeteilt.

Umrandungslinien und Betonen der Rautenfelder durch eine zweite Linie gestalten dieses Gitterornament reicher.

Durch Anlegen eines Farbtons wird das Rautenbild klarer. Der Punkt verleiht dem Ornament die gewünschte innere Spannung.

Begleitlinien und Kreuzchen bereichern das Rautenbild ungemein (siehe auch Bild Seite 9).

Eine weitere Abwandlung des elementaren Rautenornaments.

Bogenlinien, von einem Schnittpunkt zum andern geführt, ergeben ein ganz neues Bild.

Hier ist der vorhergehende Entwurf leicht abgewandelt. *Rechts:* Variante, aufgebaut auf der Grundlage des Rautenornaments.

Eine weitere Abwandlung des Rautenornaments.

Auch dieses Ornament hat das Rautengitter zur Grundlage (siehe auch Tafel 17).

Drei Farben, Zirkel und Richtstab. Formen an einem Bauernhaus vom Jahre 1681.

Kreisformen nach Malereien an Hausfassaden des 17. und 18. Jahrhunderts.

Die Kreisform betont die Mitte des Feldes. Das Gitterornament untermalt nun gleichsam dieses Motiv.

In der Mitte kann auch ein größeres Rautenfeld ausgespart und mit einem Kreisornament oder einer andern Figur versehen werden.

Diese Bandornamente sind nach Vorbildern aus der ersten Hälfte des 18. Jahrhunderts gezeichnet.

Quadratische Motive, je nachdem werden die Diagonalen oder das Achsenkreuz betont.

Rosetten, 6teilig, 12teilig; mit Hilfe des Zirkels in den Kreis gebaut.

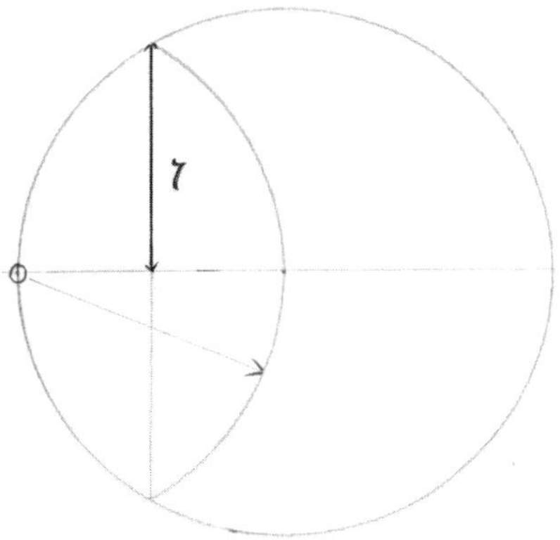

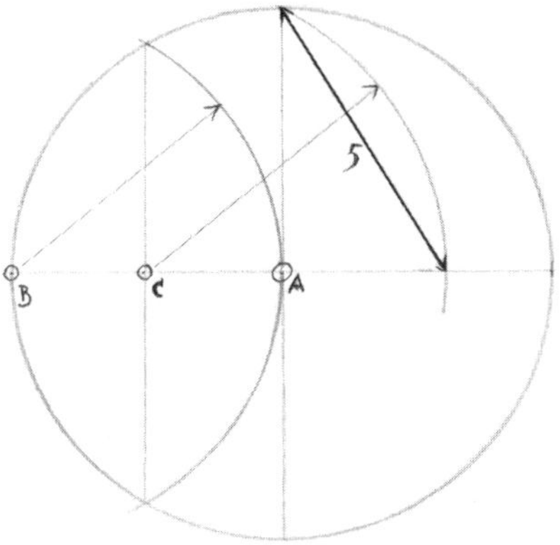

Rosetten, 7teilig, 5teilig. Die Aufteilung geschieht, wie oben angedeutet, durch Zirkelschläge.

Kreisornamente an einem Holzhaus. 1671. Alte Ornamentwerke sind für uns in mancher Beziehung vorbildlich und es lohnt sich, sie nachzubilden. Die sechs Radornamente (Originaldurchmesser ca. 50 cm), welche auf dieser und der folgenden Seite abgebildet sind, zeigen, daß dieser «Bauernmaler» des 17. Jahrhunderts

1. über einen recht ansehnlichen Schatz von Motiven verfügte (siehe nächste Seite);
2. diesen Motiven in jeder Komposition stets eine neue Stelle im Kreis zuwies, wodurch ein ständig wechselndes Bild entstand;
3. nur über drei Farben verfügte, welche er gleichmäßig über die ganze Zierfläche verteilte;
4. seine Gestaltungsweise wohlüberlegt hat und beweist, daß er vorher schon viele solche Dinge geschaffen hat. Es wurde also damals ein großer Teil der neu erstellten Häuser bemalt.

In den sechs vorstehenden Kreisornamenten sind im gesamten rund ein Dutzend Motive enthalten, aber in jeder Komposition nur in einer bestimmten Anzahl verwendet.

Mit Zirkel und Feder in drei Farben ausgeführte Kreisformen. Farben: Blau, Dunkelbraun und Moosgrün.

BOGENLINIENORNAMENTE

Das Motiv der sich überschneidenden Bogenlinien kann auch heute, wie schon ehemals, dem Zierkünstler gute Dienste leisten. Er muß sich jedoch mit den Grundelementen und den Gestaltungsregeln in stillen Stunden auseinandersetzen, das will sagen, mit gelöster Hand immer wieder neue Abwandlungen und Zusammenstellungen zu zeichnen versuchen. Solche Gelegenheitsskizzen, in einer Sammelmappe verwahrt, leisten beim Aufbau eines Ornaments stets wertvolle Dienste.

Mit der Zeit treten ihm eine Anzahl Grundelemente vor Augen, die sich zu immer neuen Zusammenstellungen eignen und als entwicklungsträchtige Motive zeigen. Dem Bogenlinienornament können ohne weiteres pflanzliche und andere Gebilde beigeordnet werden. Es wurde von jeher auch in andere Zierarten eingebaut, dies dank seiner geschlossenen und doch wieder verbindenden Wirkung.

Bogenlinienornament, gemalt 1713 an eine Kellermauer im Berner Oberland.

Zwei sich überkreuzende Bogenlinien und Beispiele eines An- und Ausbaues des Grundmotivs.

Zwei weitere Ornamente, aufgebaut auf dem Motiv der sich überschneidenden Bogenlinie.

Drei Bandornamente, bestehend aus sich kreuzenden Bogenlinien, lassen sich zu beliebiger Länge weiter entwickeln.

Ein scheinbar kompliziert aufgebautes Ornament; es ist jedoch nur aus dem einfachen Motiv der sich kreuzenden Bogenlinie gestaltet worden.

DAS FLECHTORNAMENT

Das Bandgeflecht ist eine jener Ornamentarten, die uns überliefert sind. Die Langobarden in Oberitalien, die Angelsachsen in Britannien, die nordgermanischen Stämme in Skandinavien, sie alle pflegten es während Jahrhunderten ausgiebig. Sie brachten es auch in organische Verbindung mit dem noch älteren Tierornament.

Die Schreibkünstler der Renaissancezeit eigneten sich das Flechtbandmotiv wieder an und verwendeten es in den Randleisten und beim Ausschmücken der großen Zierbuchstaben. Durch ihre im Druck verbreiteten Werke konnte auch das Volk diese Ornamentart in Besitz nehmen. Das unten abgebildete S, stammend aus einem Schreibvorlagebuch von 1696, zeigt so recht, wie selbst zur Blütezeit unserer Volkskunst Ziergut aus frühern Perioden in den Motivenschatz des Ornaments aufgenommen und verarbeitet wurde.

a) Mit Bleistift das Rechteck abgrenzen, auf welches das Flechtornament zu stehen kommen soll. Dann auf die Mitte der Seiten eine Raute ziehen. Die Seiten dieser Raute dritteln. *b)* Durch die Teilungspunkte Striche ziehen. Halbkreisverbindungen mit Zirkel zeichnen. Die äußersten Linien der beidseitigen Rautenabschlüsse müssen parallel zu den übrigen Linien geführt werden. *c)* Die Linien zu einem Band verbreitern und wechselweise über und unter das Gegenband führen. *d)* Die Raute, größer gezeichnet, ist auf jeder Seite viergeteilt. Beachte auch die Flechtbänder auf den Seiten 172 und 173.

Oben: Die Grundlage zu einem Flechtbandmotiv, Rautenseiten halbiert. *Mitte:* Rautenseiten viergeteilt. *Unten:* Rautenseiten dreigeteilt.

Oben: Rautenseiten dreigeteilt. *Mitte:* Rautenseiten viergeteilt. *Unten:* Zwei Rautenflächen, um einen Drittel ineinandergeschoben.

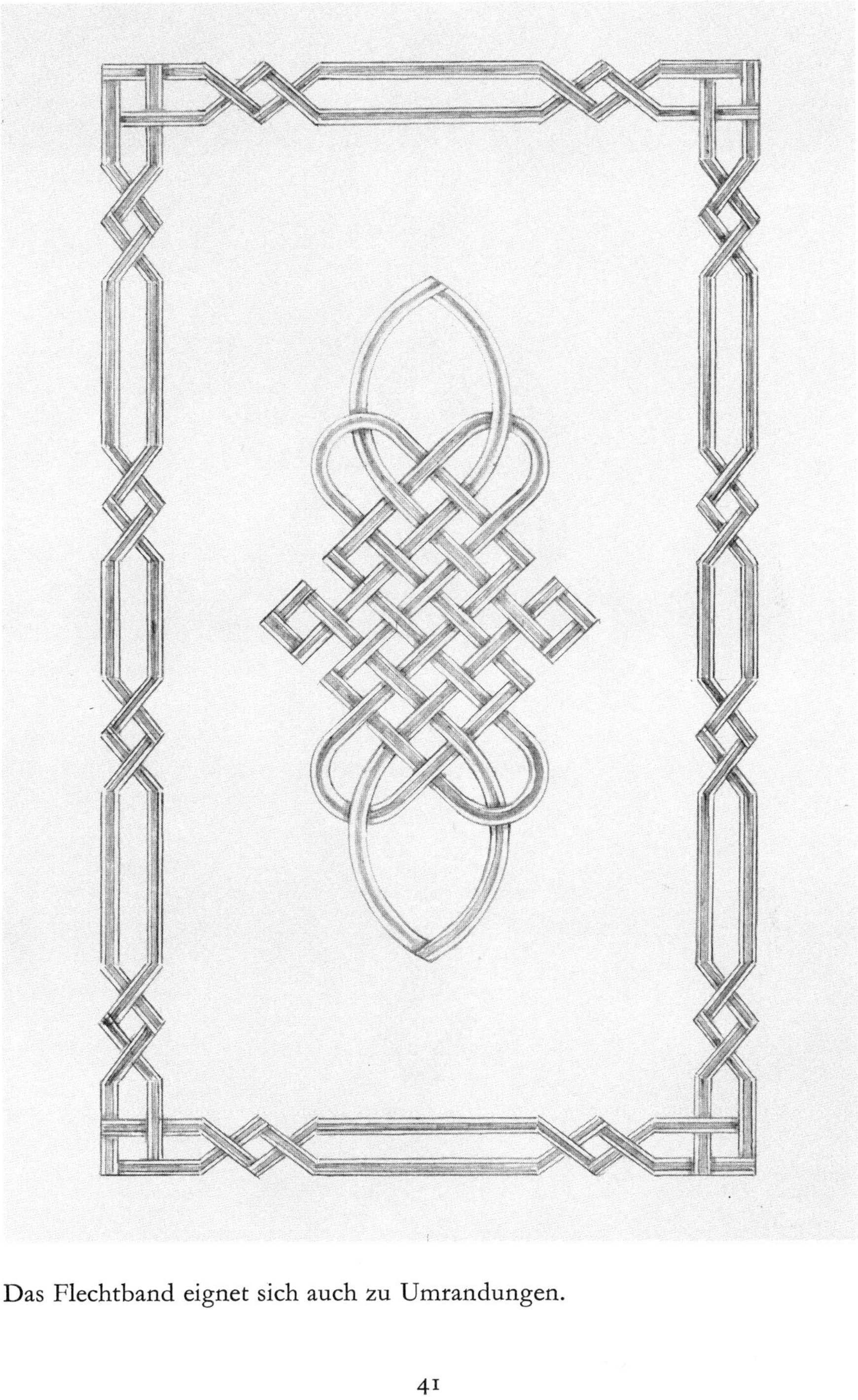

Das Flechtband eignet sich auch zu Umrandungen.

Flechtornament, mit pflanzlichen Motiven bereichert.

DAS PFLANZLICHE ORNAMENT

Wohl keine Ornamentart ist seit dem 17. Jahrhundert bei uns so beliebt gewesen, wie die pflanzliche. Das bäurische Hausgerät der Schweiz, Deutschlands, vielerorts in Europa auch das städtische, wurde zeitweise fast ausschließlich mit Pflanzenformen geschmückt. Der Mann aus dem Volke, welcher sich berufsmäßig in den Dienst der Möbelzier gestellt hatte, verfügte über einen Stock von Motiven, die er immer wieder anwandte. Dadurch kam er zu jener Gestaltungssicherheit, die wir heute so sehr bewundern. Er schuf nicht aus der Eingebung heraus, sondern aus Erfahrung und Einsicht. Diese hatte sich schon sein Lehrmeister angeeignet gehabt, und der Schüler scheute sich nicht, Bekanntes und Bewährtes zu übernehmen, was ihn am Abwandeln und Hinzufügen von Neuem nicht hinderte. Im Gegenteil, hatte sich ein Motiv durch vielen Gebrauch überlebt, so griff er ohne Bedenken nach neuen Formen, die ihm irgendein Umstand in die Hände gespielt hatte. In froher Gestaltungslust ordnete er sie dem Bestehenden bei.

Da auch der Auftraggeber dem Herkömmlichen und allgemein Üblichen zugetan war und nicht den Wunsch nach dem Einmaligen hatte, war es dem Zierkünstler gegeben, seinen eingeschlagenen Weg ruhig und ohne Bedrängnis fortzusetzen. Dadurch ergab sich die große Sicherheit im Gestalten jedes Motivs und des gesamten Ornaments. Denn der Kreis der Zierformen blieb überschaubar und wandelte sich kaum merklich.

Wenn wir auf den folgenden Blättern eine große Auswahl von Motiven bieten und sie vielfältig zusammengestellt haben, so geschah dies in der Absicht, dem Zierbeflissenen die Möglichkeit zum Auswählen der ihn ansprechenden Beispiele zu geben. Vieles davon ist von einfachster Art und läßt sich leicht abwandeln, anderes ist schon sehr weit entwickelt.

Der sechsgeteilte Kreis wurde hier als Grundlage zur Rosettenform genommen.
Man ziehe ihn aus freier Hand, also ohne Zirkel!

Fünf verschiedene Rosettenformen, fußend auf dem sechsgeteilten Kreis.

Vier-, fünf- und achtgeteilte Rosetten, die aus entsprechenden Kreisen heraus entwickelt wurden.

Wer eine gute Tulpenform zeichnen will, verwendet mit Vorteil eine geometrische Grundform (Rechteck, Trapez).

Tulpenbilder, aus der Trapezform entwickelt.

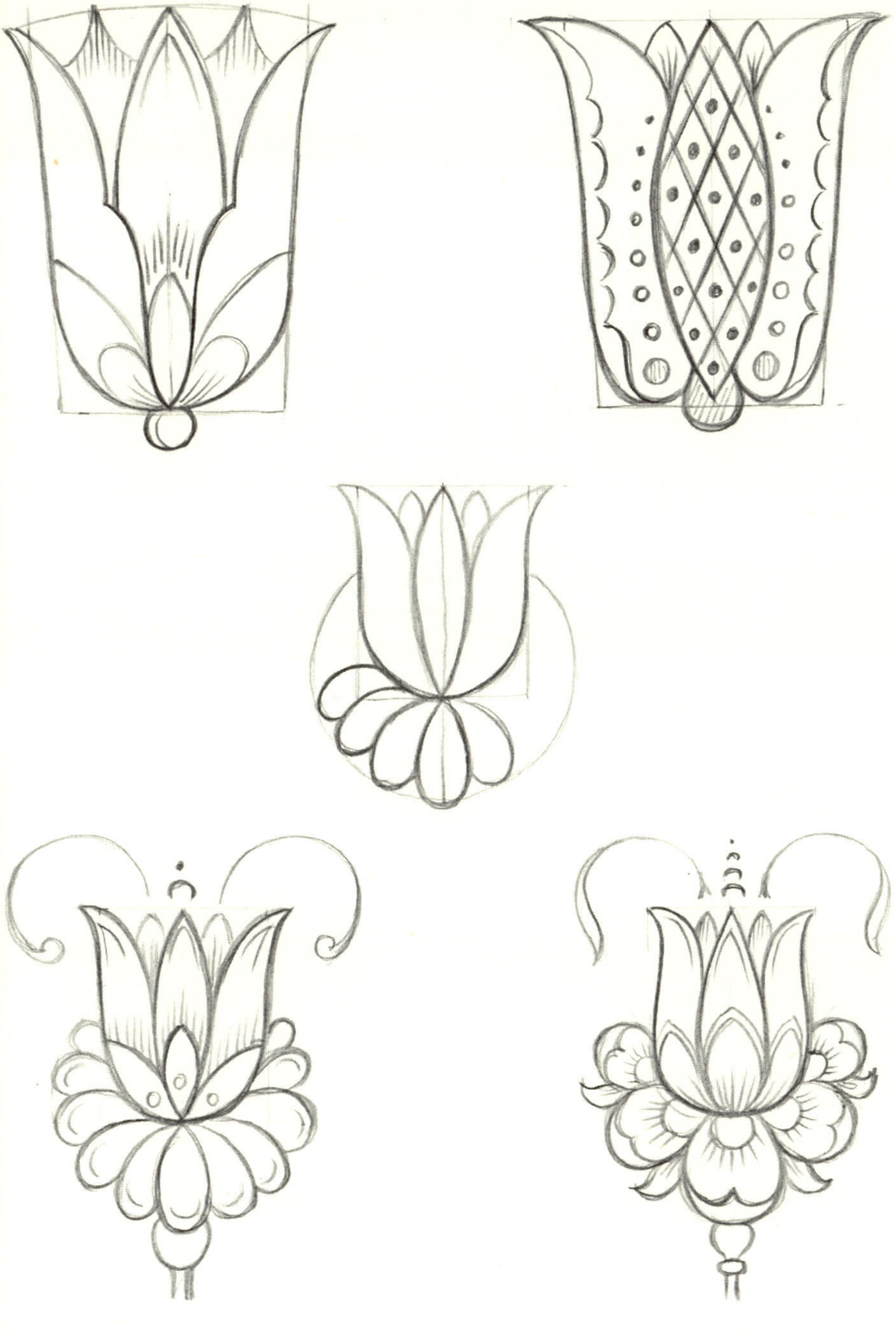

Tulpenformen, zum Teil nach Vorbildern aus dem 18. Jahrhundert gestaltet.

Auch die Nelkenform hat den Kreis zur Grundlage.

Fünfblättrige Nelken und wie sie abgewandelt werden können.

Ein halbes Dutzend verschiedene Tulpenformen und Beispiele, wie sie einer bewegten Linie angefügt werden können.

Nelke und Tulpen in einem bewegten, blickführenden Linienornament.

Solche Blumenformen finden sich gelegentlich auf bemalten Truhen und Schränken aus dem 18. Jahrhundert.

Auch diese Formen sind nach alten Beispielen gezeichnet.

Ein edel bewegtes Liniengefüge unterstützt die Bedeutung einer interessanten Blumenform.

Blattformen, oben schlecht an den Stengel gefügt, unten zwei gute Beispiele.

Gute Blattformen gelingen erst nach längerem Üben. Nicht ängstliches Kritzeln, sondern langgezogene Striche!

Blattformen, zu bewegten Ornamenten gestaltet.

Jedes Flächenornament bedarf eines Rahmens. Dieser kann schon in der Architektur eines Wohngeräts oder einer Stubentüre als profilierte Stabform enthalten sein (siehe Tafeln 126 und 127). Ist die Fläche nicht auf diese Weise umgrenzt, so sind farbige Umrahmungen am Platze. Auf den folgenden Seiten sind verschiedene Möglichkeiten ins Auge gefaßt.
Die einfachste Umrandung stellt die Linie dar. Wird diese breiter gezogen, wirkt sie als Band. In einem gewissen Abstand von einer andersfarbigen Linie begleitet, je nach Umständen auf der einen oder andern Seite oder gar an beiden Orten, kann eine solche Zusammenstellung schon recht reich wirken.

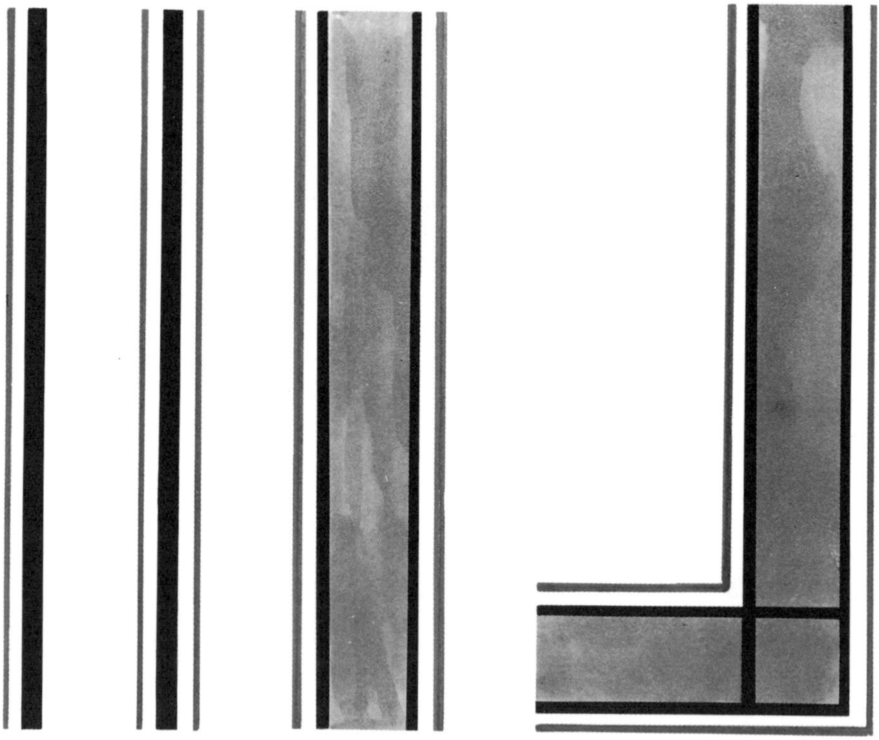

Man beachte das Verhältnis des Abstandes zwischen Band und Linie.

An Stelle des Bandes können Reihungen elementarer Formen gewählt werden.

Solche einseitig ausstrahlende Randornamente wirken oft sehr gut. Farben: Schwarz, Rot und Braun.

PFLANZLICHE KOMPOSITIONEN

Wer durch zeichnerische Übungen in den Besitz einer Anzahl von pflanzlichen Gebilden gekommen ist, hat noch nicht die Fähigkeit, eine gute Komposition zu schaffen. Er muß zunächst die grundsätzlichen Gestaltungsregeln kennenlernen. Diese sind, je nachdem eine Fläche stehend ist (Türfüllung) oder liegend (Kassettendeckel), verschieden.

Weiter wird sich die Frage stellen, ob man ein lockeres Gebilde schaffen will oder ein sehr eng gestaltetes. Auf alle Fälle müssen die Räume zwischen den einzelnen Motiven in einem richtigen Verhältnis gehalten werden, «Löcher» an unpassenden Stellen wirken sich auf die ganze Komposition nachteilig aus. Auch den blickführenden Stengeln muß Beachtung geschenkt werden. Enden sie senkrecht oder in allzu stumpfen Winkeln vor dem Rand des Ornaments, so wird der Blick aus dem Feld geführt; in diesem Fall fehlt der Komposition die innere Geschlossenheit, sie ist unbefriedigend.

Zu erfreulichen Ergebnissen kommt eher, wer zu Arbeitsbeginn ein Kompositionsschema anlegt und darauf die Grundformen der Blumen (Kreis für Rosette und Nelke, Rechteck für Tulpe) skizziert. Dann kann man sich schon mit der Größe der Zwischenräume auseinandersetzen.

Schranktürfüllung. Schema zu einer fächerartigen Komposition. Wechsel zwischen radial und einseitig ausstrahlenden Blumenmotiven.

Da die Abstände zwischen den Blumengebilden befriedigten, ging man an die Ausgestaltung der einzelnen Form.

Erst zuletzt werden die Blattformen eingesetzt.

Wie diese Kassettenmalerei entworfen wurde, zeigen die zwei folgenden Tafeln.
Farbige Ausführung siehe Seite 170.

Dünnes Packpapier. Rechteck zeichnen (genügend Raum für die Umrandung frei lassen!). Ornamentfläche in Quadrate aufteilen. Im Achsenkreuz falten.

Entwurf auf einen Viertel zeichnen. Vermittelst Graphitpapier den Entwurf auf die andern Viertelsflächen übertragen. Genaues Falten ist notwendig!

Das Rechteck ist axial gefaltet. Auf einen Viertel das Linienornament gezeichnet; die auf eine Mittellinie fallende Tulpe nur zur Hälfte zeichnen!

Der auf Tafel 70 begonnene Entwurf ist mit Hilfe von Graphitpapier von rechts nach links, dann von oben nach unten übertragen; in der Mitte ergänzt.

Entwürfe zu querstehenden Ornamenten (Seitenwände von Kassetten usw.).

Gestaltung einer Kreisfläche durch ein pflanzliches Ornament. Der Zirkel ist hiebei unentbehrlich.

Das hölzerne Zifferblatt einer Wanduhr soll bemalt werden. Anlage zu einem Entwurf.

Bemaltes hölzernes Zifferblatt einer Wanduhr. Farbige Wiedergabe Seite 171.

DAS SCHABLONENMALEN

In unsern Landen stoßen wir bei den ornamentalen Umrandungen der mittelalterlichen Kirchenmalereien erstmals auf die Schablonentechnik. Die frühesten farbigen Zierwerke auf den Truhen des 17. Jahrhunderts sind ebenfalls auf diese Weise entstanden. Vielfach wurde die heraldische Lilie dargestellt, oder dann eine flächenfüllende Arabeske.

Man kannte damals schon beide Möglichkeiten des Schablonenmalens, das positive und negative Bild.

Im ersten Falle wurde das Bild aus dem Papier geschnitten und mit Farbe aufs Holz übertragen. Im zweiten Falle entfernte man die Zwischenräume.

Das farbenfreudige 18. Jahrhundert mit seiner Vorliebe zum pflanzlichen Ornament pflegte die Schablonenmalerei kaum mehr; und ebensowenig das verflossene Jahrhundert. Die Zeit vor dem ersten Weltkrieg erlebte und erduldete es in einer schlimmen Art. Geschäftstüchtige Fabrikanten stellten maschinenmäßig Hunderte von Metern an Zierbordüren her und die Malerlehrlinge durften derartigen Schmuck in Treppenhäusern, Aborten und Zimmern tagelang auftupfen. Ein solches «Schablonenmalen» mußte natürlich in Verruf kommen.

Wer aber seine Schablone selbst herstellt und sie nach allen Regeln der Kunst anwendet, der kann seine ehrliche Freude erleben.

Das Übertragen der Schablone

1. Die Plakatfarbe nur wenig verdünnen, umrühren mit gewöhnlichem Pinsel.
2. Zwei, drei Pinsel voll Farbe auf ein Brettchen oder einen Kartonabschnitt streichen.
3. Mit Schablonierpinsel senkrecht auf die bestrichene Fläche tupfen bis er an den Borstenspitzen mit Farbe getränkt ist.
4. In rascher Folge mit dem senkrecht gehaltenen Schablonierpinsel auf einen der Ausschnitte der mit Stecknadeln auf das Werkstück befestigten Schablone klopfen bis er keine Farbe mehr abgibt.
5. Diesen Arbeitsgang so lange wiederholen bis das ganze Bild übertragen ist.
6. Wegnehmen des Schnitts. Zeigen sich Stellen, wo Farbe unter das Papier gedrungen ist, war jene zu dünn oder der Pinsel damit zu stark getränkt.
7. Die Farbe etwas verdünnen und mit gewöhnlichem Aquarellpinsel die Schlußarbeiten ausführen, wie sie auf den folgenden Tafeln angeregt werden.
8. Mit Zenitgrund überstreichen, mattieren oder lackieren.

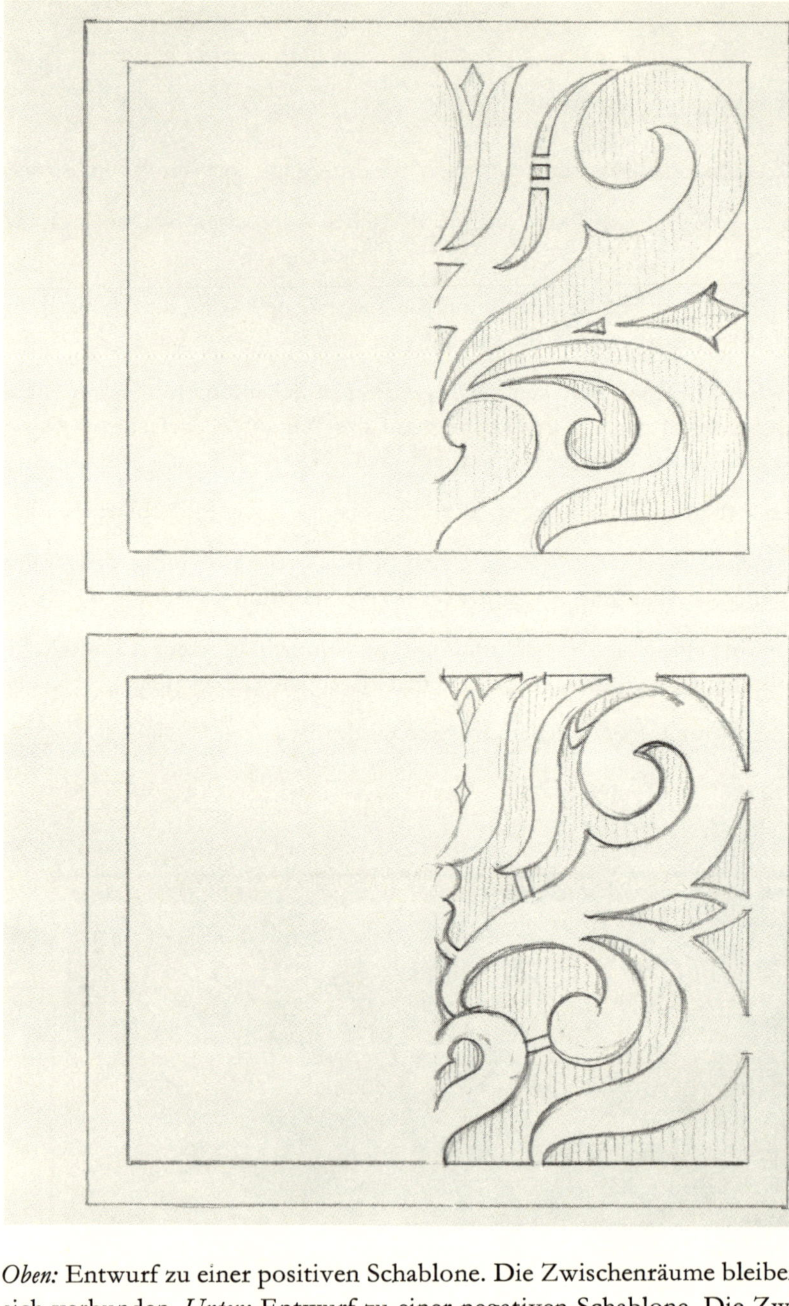

Oben: Entwurf zu einer positiven Schablone. Die Zwischenräume bleiben unter sich verbunden. *Unten:* Entwurf zu einer negativen Schablone. Die Zwischenräume sind herausgeschnitten.

Positiver und negativer Schablonenschnitt, ausgeführt auf einer Kartonunterlage mit dem Kerbschnitzmesser. Das Blatt (dünnes Packpapier) war senkrecht gefaltet.

Die positive und negative Schablone auf ein Brett übertragen. Plakatfarbe, Sepia, wenig verdünnt.

Beide Ornamente sind mit etwas verdünnter Schablonierfarbe und einem Aquarellpinsel ausgearbeitet.

Zwei negative Schablonenbilder. *Oben:* Zu große Ausschnitte, mageres Bild. *Unten:* Versuch, zwischen Ausschnitt und Bild ein richtiges Flächenverhältnis herzustellen.

Die übertragenen Schablonen zeigen, daß beim obern Ornament die herausgeschnittene Fläche viel zu groß ist. Unten herrscht zwischen Hell und Dunkel ein ungefähres Gleichgewicht.

Schablonenschnitt zum nachfolgenden Gitterornament.

In das übertragene Schablonenbild sind mit verdünnter Farbe die Bänder und Umrandungslinien, sowie mit weißer Farbe die Sterne eingesetzt worden.

Schablone zu einem elementaren, blickfixierenden Ornament.

Blickfixierendes Ornament; die auf Tafel 86 abgebildete Schablone aufs Holzbrett übertragen und mit gewöhnlichem Malpinsel weitergestaltet.

Mittelstück: Kreisornament, oben und unten von elementarem Gitterwerk begleitet. Einfarbig. Zweifarbige Gestaltung siehe Seite 98.

Ornament, einfarbig aufgetragen, Hauptmotiv quadratisch, Kopf- und Fußstück elementares Ornament. Zweifarbige Gestaltung siehe Seite 99.

Auch pflanzliche Ornamente lassen sich in Schablonentechnik herstellen. Negativschablone. Farbige Gestaltung Seite 103.

Flechtornament, ausmündend in Tierköpfe und Pflanzenmotiv. Rechte Hälfte zum Teil mit Aquarellpinsel und verdünnter Farbe ausgestaltet. Farbige Gestaltung siehe Seite 100.

Positive Schablone, axial gefaltet, unbearbeitet.

Positive Schablone, bearbeitet, weiße Zierelemente, grüner Lasurüberzug.

Schablone, vierfältiges Fächermotiv, Umrandung ebenfalls geschnitten. Ausführung Seite 101. Man verwende dünnes Packpapier.

Negative Schablone, vierfältiges Vogelmotiv. Ausführung Seite 102. Das Papier muß genau und scharf gefaltet werden.

Diese Negativschablone ist als Grundlage zu einem mehrfarbig ausgestalteten Ornamentbild (siehe Seite 97) gedacht. Sie könnte allerdings auch mit verdünnter Grundfarbe bereichert werden.

Einfarbige Abbildung siehe Seite 96

Das gleiche Ornament wie auf Tafel 88, aber zweifarbig übertragen.

Die Schablone, von Tafel 89 zweifarbig übertragen. Beim Auftragen jeder Farbe die angrenzenden Ausschnitte mit einem Papierblatt abdecken!

Die auf Tafel 91 abgebildete Schablonenmalerei ausgearbeitet, mit Zenitgrund und Schellackmattierung abgedichtet und mit Lasurfarben bereichert.

Vierfältiges Fächermotiv, ausgestaltet und mit Rot, Grün und Weiß bereichert. Braunroter Lasurüberzug. Schnitt Seite 94.

Vierfaches Vogelmotiv, grauer Grund, mit Spitzpinsel mehrfarbig ausgestaltet. Abdichtung mit Zenitgrund und verdünnter Schellackmattierung. Überzug mit Rostbraunlasur (Gebrannte Siena mit Seidenglanzlack verdünnt). Schnitt Seite 95.

Das übertragene Schablonenbild wurde mit Zenitgrund (Pinsel) und dann mit verdünnter Schellackmattierung (Tuchballen) abgedichtet. Die aufgesetzten Lasurtöne sind: Siena gebrannt und Grüne Erde, beide mit Seidenglanzlack stark verdünnt. Einfarbig siehe Seite 90.

Farben: Plakatfarben, mittlere Tuben.
Zinnober hell, Karmin, Gebrannte Siena, Sepia, Dunkelgrau, Ocker hell, Hellgrün, Kobaltblau hell, Schwarz, Weiß.

Pinsel: 2–3 Aquarellpinsel verschiedener Größen. 2–3 Strichzieher verschiedener Breiten.

Zum Abdichten: Zenitgrund (ja kein anderer Hartgrund!),
Schellackmattierung blond, mit gleichem Quantum Poliersprit verdünnen (in Flasche unbegrenzt haltbar).

Überzuglack: Seidenglanzlack.

Lasurfarben: Dekorationsölfarben, kleine Tube. Mischen mit wenig Terpentin und viel Seidenglanzlack.
Gebrannte Siena (rotbraun), Kasselerbraun (rauchschwarz), Siena natur (gelblich), Gebrannte Umbra (dunkelbraun), Grüne Erde (moosgrün).
Da solcherart zubereitete Lasurfarben sehr sparsam im Gebrauch sind, genügt für kleinere Gegenstände eine geringe Menge. Sie werden mit Vorteil in Medizinfläschchen aufbewahrt. Vor Gebrauch ist Aufrühren notwendig.

Wesentlicher als eine geübte Pinselführung ist das zweckdienliche Mischen der Farben. Zwei ungebrochene Farben können in Harmonie gebracht werden, indem man von jeder eine Pinselspitze voll oder zwei in die andere mischt. Oder man fügt jeder ein wenig von einer dritten bei.
Übungen und Versuche schenken einem mit der Zeit ein reiches Wissen um diese Dinge.

Abbildung rechts:

Oberes Feld: Zu Rot wird Grün und zu Grün wird Rot gemischt; die zweite Reihe zeigt die Abtönung der beiden Farben.
Unteres Feld: Zu Rot und Grün wird Ocker gemischt; die beiden Farben in der zweiten Reihe sind harmonischer geworden.

Versuchsreihe mit Blau und Rot: 1. von der Gegenfarbe zusetzen. 2. Mit Weiß aufhellen. 3. Ocker zusetzen.

Versuchsreihe mit Rot, Ocker, Kobaltblau: 1. Mit Weiß aufhellen. 2. Hellgrün zusetzen.

Wie eine Rosette mit zwei Farben angelegt und mit Sepia und Gelblichweiß (Weiß mit etwas Ocker und Sepia) ausgestaltet werden kann.

Farbige Gestaltung einer Tulpenform.

Mit drei Grundfarben kann beinahe jede pflanzliche Komposition gemalt werden.

Beispiele von Ausgestaltungen pflanzlicher Motive. Jeder Malbeflissene wird mit der Zeit noch andere und vielleicht auch bessere entwickeln.

Der Entwurf zu einer stehenden Pflanzenkomposition, mit drei Grundfarben angelegt.

Mit Hilfe einer Redisfeder können die Formen umrandet und ausgestaltet werden. Sepia und abgetöntes Weiß.

Dreimal die gleiche Komposition: *Oben:* Ohne Umrandung geht sie in der Fläche verloren. *Mitte:* Gute Abstände zwischen Komposition und Umrandung. *Unten:* Umrandung zu nahe an der Komposition.

Abb. rechts: Zwei gleiche Bandornamente: *Rechts:* Die Umrandung ist im richtigen Abstand hingesetzt. *Links:* Die Umrandung beengt das Ornament.

Oben: Zwei Grundfarben deckend hingesetzt.
Mitte: Mit Stahlwatte soweit abgeschliffen, bis die Farben gleichmäßig lasierend wirken.
Unten: Mit Kugelspitzfeder, Sepia und gedämpftem Weiß ausgestaltet. Dann mit Zenitgrund, Mattierung und Seidenglanzlack abgedichtet.

Gleiche Technik angewandt, wie auf Tafel 116 ausgeführt. Zusätzlich mit grüner Lasurfarbe überzogen.

Oben: Rot, Gelb und Hellgrün mit Kasselerbraun überzogen. *Unten:* Rot, Gelb und Hellgrün mit Grüner Erde überzogen.

Oben: Rot, Gelb und Hellgrün mit Gebrannter Siena überzogen. *Unten:* Rot, Gelb und Hellgrün mit Siena natur überzogen.

Malgrund geräuchert: 1. Ölfarbe, Kobaltblau hell, mager, d. h. mit ziemlich viel Terpentinzusatz, aufstreichen. 2. Anschließend mit der linken Hand eine Kerzenflamme in rascher Bewegung unter dem Brett hin und herführen. 3. Rand ringsum frisch überstreichen, einen Tag lang trocknen lassen.
Abb. rechts: 1. Malen mit Ölfarbe auf geräucherten Grund. 2. Auf den Rand in gleichen Abständen Striche mit Kasselerbraun anlegen. Dann mit trockenem feinhaarigem Flachpinsel mit leichter Hand vertreiben. Gut trocknen lassen. Überzug mit Seidenglanzlack, trocknen lassen. 3. Das geräucherte und bemalte Feld mit Lasurfarbe (Siena gebrannt) überziehen.

Malgrund: Birnbaumholz. 1. Zeichnung mit Redisfeder und Sepia nachziehen. Auch die Umrandung ausführen. 2. Ausgestalten mit Spitzfeder und Pinsel (Sepia und gebrochenes Weiß). 3. Überzug mit Zenitgrund und Schellackmattierung. 4. Lasurfarben anlegen (Siena gebrannt, Grüne Erde, Siena natur).

Malgrund: Dunkelgraue Plakatfarbe. 1. Das aufgepauste Ornament mit Plakatfarbe malen; auch die lineare Ausgestaltung der Motive und die Umrandung. 2. Überzüge mit Zenitgrund und Schellackmattierung. 3. Lasurüberzug mit Gebrannter Siena. 4. Nach einigen Tagen Überzug mit Seidenglanzlack.

Malgrund: Ahorn. 1. Das aufgepauste Ornament und die Umrandung mit Redisfeder und Sepia nachziehen. 2. Überzüge mit Zenitgrund (Pinsel) und Schellackmattierung (Tuchballen). 3. Ausmalen mit Lasurfarben (Kobaltblau

hell und Gebrannte Siena). 4. Überzug mit Seidenglanzlack; trocknen lassen. 5. Lasurüberzug mit Siena gebrannt. *Abb. oben:* Malgrund: Birnbaum. Gleicher Malvorgang. Lasurüberzug mit Grüner Erde.

Füllung einer kleinen Schranktüre mit aufgesetztem Stab. Malerei auf Holzgrund mit Plakatfarben (Arbeitsvorgang siehe Tafeln 108–115). Das Motiv ist zu groß!

Füllung einer kleinen Schranktüre. Malerei entsprechend derjenigen auf Tafel 126 abgebildeten, aber etwas kleiner. Der rot gestrichene Stab ist mit Zenitgrund und Schellackmattierung abgedichtet und mit Kasselerbraun patiniert (Rundungen mit Tuchlappen wegwischen und mit trockenem Pinsel vertreiben).

Einen moosgrünen Malgrund erhält man auf folgende Weise: 1. Pariserblau mit Weiß stark aufhellen. 2. Zenitgrundüberzug, nachher Überzug mit Schellackmattierung. 3. Lasurüberzug mit Siena natur. Gut trocknen lassen. 4. Lasurüberzug mit gebrannter Siena (sehr dünn).

KLEISTERMALEREI

Im 17. und in der ersten Hälfte des 18. Jahrhunderts wurden die Möbel vielfach mit Kleistermalerei versehen, meistens in Verbindung mit Schablonen- oder Buntmalerei. Dann ging diese Zierweise bis in die jüngste Zeit verloren. Erst durch die Restauration jener alten Hausgeräte wurde man in den letzten Jahren veranlaßt, sich mit ihr wieder abzugeben.
Den Kleister bereitete der ehemalige Maler wohl aus Weizenmehl, das neben Stärke sehr viel Eiweiß enthält. Die damalige ausschließliche Brauntönung gewann er aus der Beize der in Wasser eingelegten Baumnußhüllen.
In den Schulen und auch von Berufsleuten wird in jüngster Zeit der Kleister aus Stärkemehl gewonnen.
Für unsere Zwecke viel dienlicher ist Weizenpuder, wie er in jedem Lebensmittelgeschäft zu haben ist.

Herstellung:

Drei gestrichene Suppenlöffel voll Weizenpuder in wenig kaltem Wasser auflösen. ½ Liter kochendes Wasser darüber gießen. Tritt nicht sofort eine leichte Blaufärbung ein, die Flüssigkeit in die Pfanne gießen und unter Umrühren einmal aufkochen lassen. Dann in einem besondern Gefäß zum Abkühlen beiseite stellen, von Zeit zu Zeit umrühren. Der abgekühlte Kleister kann mit jeder Plakatfarbe abgetönt werden; ein schönes Nußbaumbraun erhält man durch Sepia.

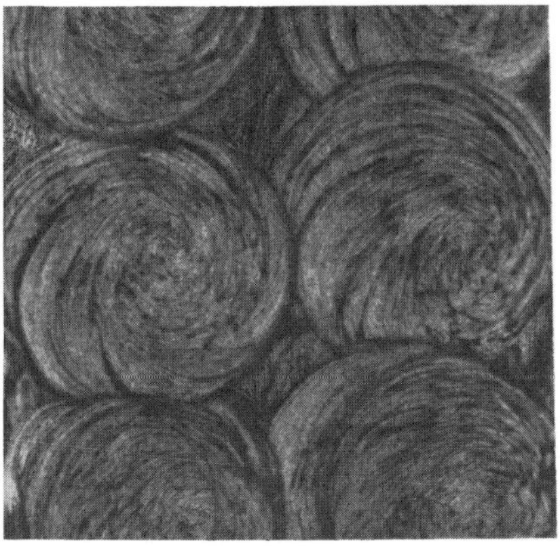

Versuchsbrett, etwa 30 × 20 cm

Material: ½ Kaffeetasse voll ungefärbten Kleister. 1 Kaffeetasse voll mit Sepia ziemlich satt gefärbten Kleister. Ein Flachpinsel, etwa 5 cm breit. 1 Rundpinsel, Durchmesser etwa 2½ cm. Ein zehn Zentimeter langes, keilförmig zugespitztes Holzstäbchen, Ende 3 mm breit. Ein Linierbrettchen, 35 cm × 3 cm, in welches von jedem Ende etwa 5 cm entfernt je zwei 1½ cm lange Nägel eingeschlagen sind.

1. Ganze Fläche mit ungefärbtem Kleister einstreichen, trocknen lassen.
2. Aufteilung mit Bleistift andeuten.
3. Auf Innenfeld und Ecken mit Flachpinsel farbigen Kleister (Sepiaton) gut deckend anlegen.
4. Rundpinsel in den Kleister tauchen und, senkrecht gehalten, auf dem Innenfeld Umdrehungen um die Achse ausführen, in der Reihenfolge, wie das Bild zeigt. Beginn oben links. Bei Nichtgelingen kann von Neuem begonnen werden.
5. Die vier Ecken mit je einer Umdrehung gestalten.
6. Die Randflächen mit Hilfe des Flachpinsels mit gefärbtem Kleister satt einstreichen.
7. Mit leicht schräg gestelltem Flachpinsel die Stufung anlegen: Kurze, wippende Schläge aus dem Handgelenk.
8. Mit Hilfe von Linierbrettchen und Holzstäbchen die Aufteilbänder ziehen. Trocknen lassen.

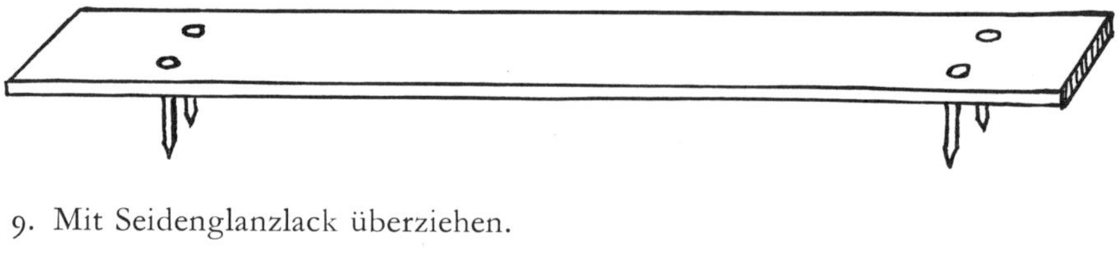

9. Mit Seidenglanzlack überziehen.

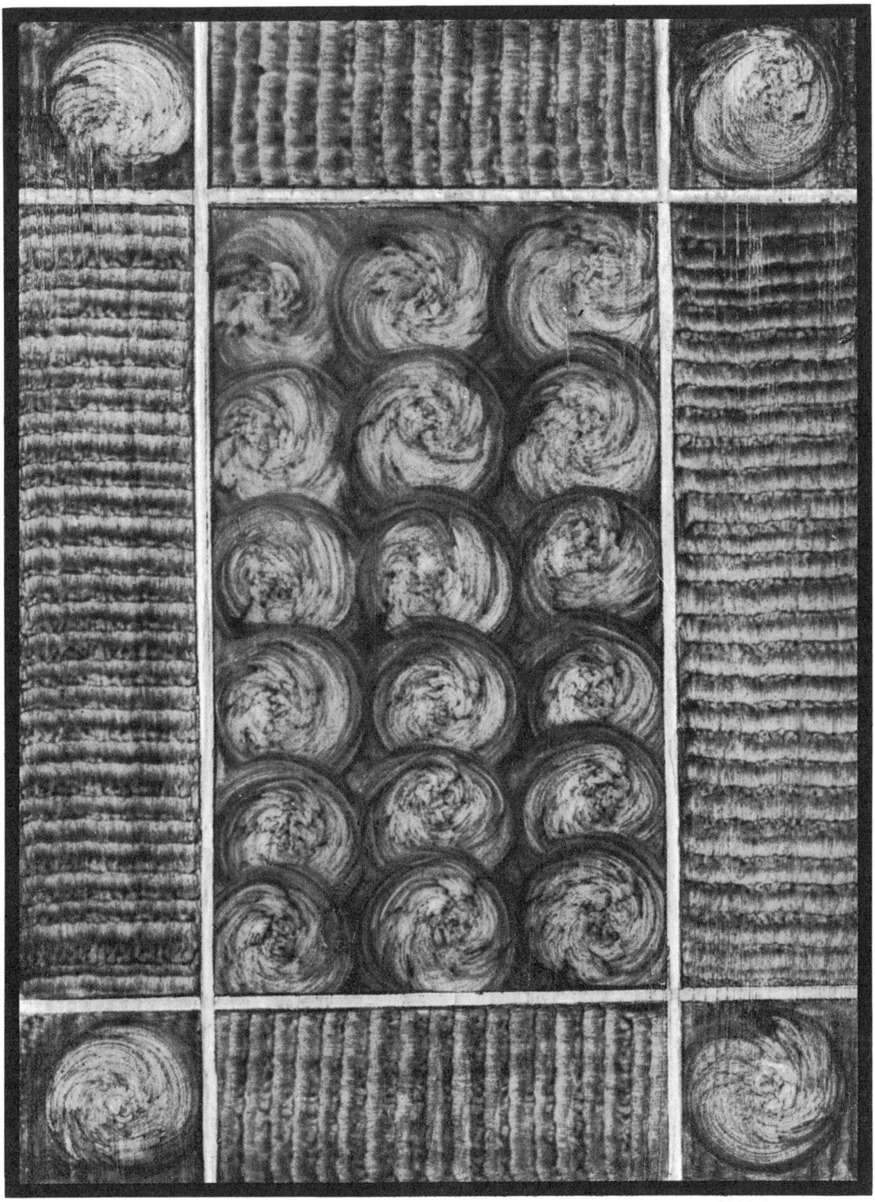

Dem Anfänger sei empfohlen, ein zweites Versuchsbrett mit Kleister zu bemalen, nur daß dann die Stufung auf die Innenfläche und die Kreisumdrehungen auf den Rand gesetzt werden.

Kassettendeckel. Kleister- und Schablonenmalerei

1. Ganze Fläche mit ungefärbtem Kleister einstreichen und trocknen lassen.
2. Aufteilen durch Bleistiftlinien.
3. Die Felder mit farbigem Kleister bemalen. Trocknen lassen.
4. Umrandungsbänder mit Plakatfarbe ziehen.
5. Schablonen auftragen.
6. Aufsetzen der feinen Linien.
7. Überzug mit Seidenglanzlack. Trocknen lassen.
8. Lasurüberzug mit Grüner Erde.

Versuchsbrett: (Vergleiche Seite 166)

1. Vorbereitung wie bisher.
2. Innenfläche mit dunkelgrau gefärbtem Kleister anlegen.
3. Mit etwa 3 cm breitem, weitgezähntem Haarkammstück wellenartig über die Fläche fahren, Strichlage neben Strichlage.
4. Anlegen der Randfläche mit rotbraun gefärbtem Kleister.
5. Gestalten dieser Flächen mit Schablonierpinsel. Trocknen lassen.
6. Ziehen der Umrandungsbänder (Pinsel) und Malen der Rosette in der Mitte. Die weißen Linien sind mit der Redisfeder gezogen.
7. Überzug mit Seidenglanzlack.
8. Lasurüberzug mit Kasselerbraun.

Schranktürfüllung (31 cm × 23 cm)
Arbeitsgang wie bisher; die vier Randflächen sind mit einem abgenützten Borstenpinsel gestaltet. Farbige Wiedergabe Seite 162.

Schranktürfüllung (31 cm × 22 cm)
Arbeitsgang wie bisher; mit Sepia und Dunkelgrün gefärbtem Kleister.
Farbig siehe Seite 174.

Schranktürfüllung (31 cm × 22 cm). Arbeitsgang wie bisher; sämtliche Linien der Umrandung sind mit der Redisfeder gezogen. Die Innenfläche ist mit dem Pinsel gestaltet. Lasurüberzug mit Kasselerbraun. Farbig siehe Seite 175.

MALEN AUF MAUERVERPUTZ

Das Bemalen von Mauerwerk kennt man seit Jahrhunderten. Vom Frühmittelalter an wurde das Innere vieler christlicher Kirchen mit biblischen Bildern gänzlich übermalt und im Verlaufe des 16. und 17. Jahrhunderts kam die farbige Zier auch an die Mauern unserer Stadt- und Bauernhäuser. Unsere Vorfahren empfanden eben ganz richtig, daß zum beschnitzten und bemalten Holzwerk der Hausfront auch eine farbig gestaltete Kellermauer gehöre, wenn das Gebäude einen einheitlichen Eindruck erwecken solle. Wer heute eine Mauer bemalen will, achte darauf, daß der Verputz möglichst glatt sei.

Arbeitsgang:

1. Abwaschen der Mauer mit Brunnenwasser und grundieren mit verdünntem Caparol.
2. Anstreichen der Grundfarbe, bestehend aus Weiß, abgetönt mit etwas Ocker und grüner Umbra und Caparol. (Das entsprechende Farbpulver wird am Vortag mit Wasser zu einem Brei vermischt und stehen gelassen.)
3. Zweiter Anstrich mit derselben Farbe.
4. Bemalung, entweder mit eingesumpftem Farbpulver, vermengt mit Caparol oder mit Amphibolinfarben. Beide Farbarten können mit etwas Wasser verdünnt, d. h. streichfähig gemacht werden.

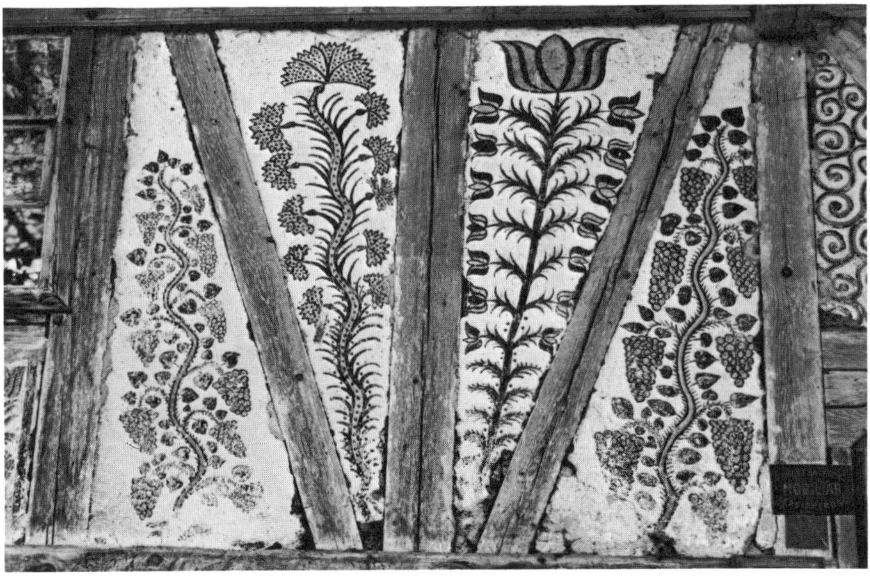

Mauermalerei an einem Ferienhaus. Farben: Schwarz, Ziegelrot, Blau.

Motiv auf einer Hausmauer. Farben: Schwarz, Ziegelrot, Blau.

Malerei an der Kellermauer eines Hauses im Berner Oberland (1713). Grau auf gelblichweißem Grund. Diese Motive waren mit wohl einem halben Dutzend kreideweißer Tüncheschichten überdeckt. Restauriert 1950.

Bewegt lineare Motive eignen sich gut zum Auszieren von Mauern. Hier wurden die Farben Schwarz, Ziegelrot und Blau verwendet.

Die ornamentale Fenster- und Türenumrahmung kann aus streng geometrischen Elementen oder auch aus bewegten Linienmotiven bestehen. Hier sind beide Arten verwendet. Grundfarbe des Rautenbandes: Ziegelrot hell. Man beachte auch das ornamental und schmiedtechnisch vollkommene Fenstergitter.

SCHRIFT UND ZAHLEN

Häufig ist es erwünscht, auf einem Gegenstand die Jahreszahl und einen Namen anzubringen. Beides, Zahl und Buchstabe, muß sich dem Gegenstand und dem Ornament einfügen, ja, sie haben sogar einen Anteil an der Verzierung zu übernehmen. Somit müssen jeder Buchstabe, jede Zahl und jedes Wort sorgfältig gestaltet werden.

Die großen Schriftkünstler der Renaissancezeit wurden von der Schönheit der römischen Steinschrift sehr beeindruckt, und diese Vorbilder sind denn auch bis heute nicht übertroffen worden. Handwerker und Zierkünstler unseres Landes verwendeten sie bis gegen Ende des 17. Jahrhunderts, zwar oft in zerfallenen oder abgewandelten Formen, doch meistens in organischer Verbindung mit der Architektur und dem übrigen Zierwerk. Die oben stehende Abbildung, aufgenommen an einem Hause im Berner Oberland aus dem Jahre 1642 zeigt eine solche Einheit.

Unsere Ziffern haben ihren Ursprung in Indien genommen und kamen durch die Araber zu uns. Vorbildlich geformt wurden sie durch die Gestalter der Druckschriften des 16. und 17. Jahrhunderts; die schlechten Beispiele einer jüngsten Vergangenheit stehen uns leider Tag für Tag vor Augen, aber glücklicherweise auch die schönen Produkte guter heutiger Druckereien.

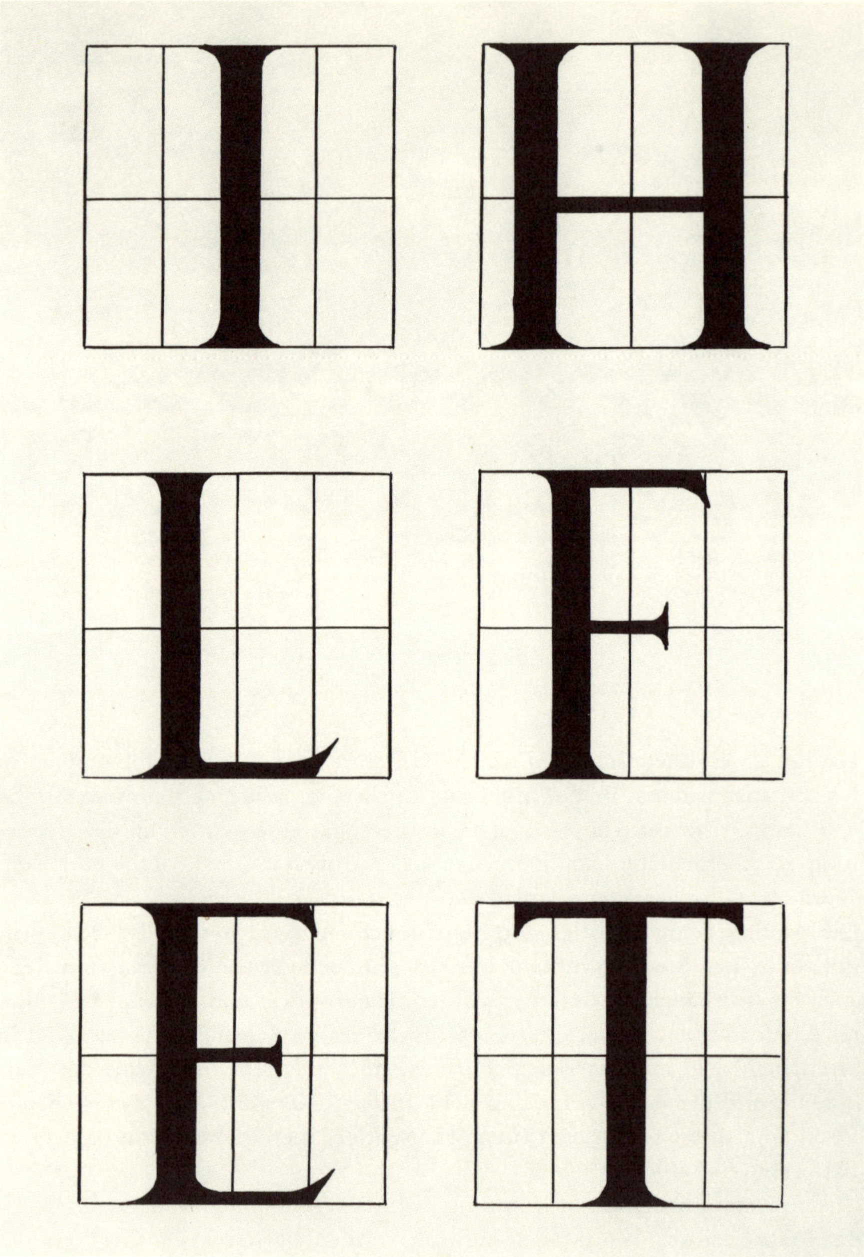

Auf das Schema des senkrecht viergeteilten und waagrecht halbierten Quadrats können die Buchstaben jeder Größe in richtigem Verhältnis entworfen werden.

Genaues Schaffen ist unbedingt notwendig!

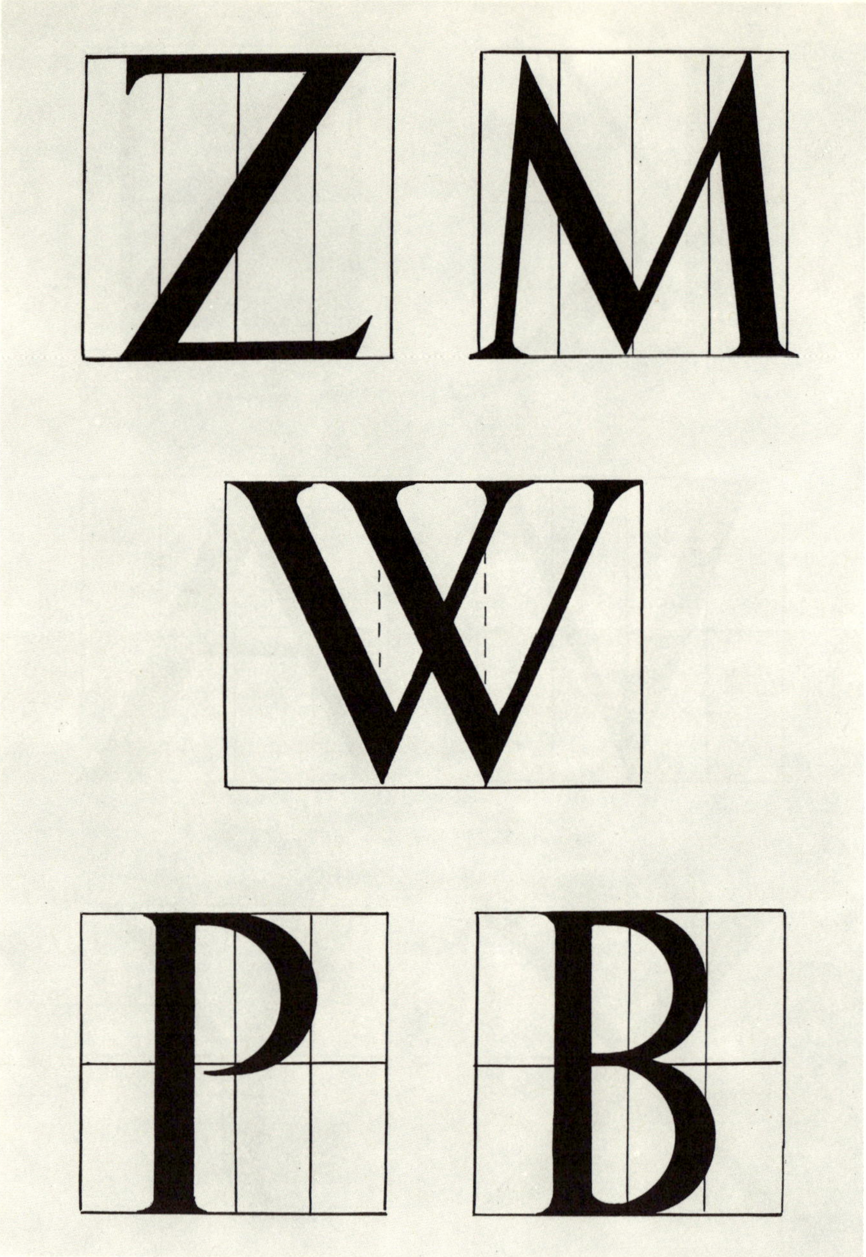

Das W besteht aus zwei ineinandergeschobenen V. Der Rundbogen des P reicht etwas unter die Mitte.

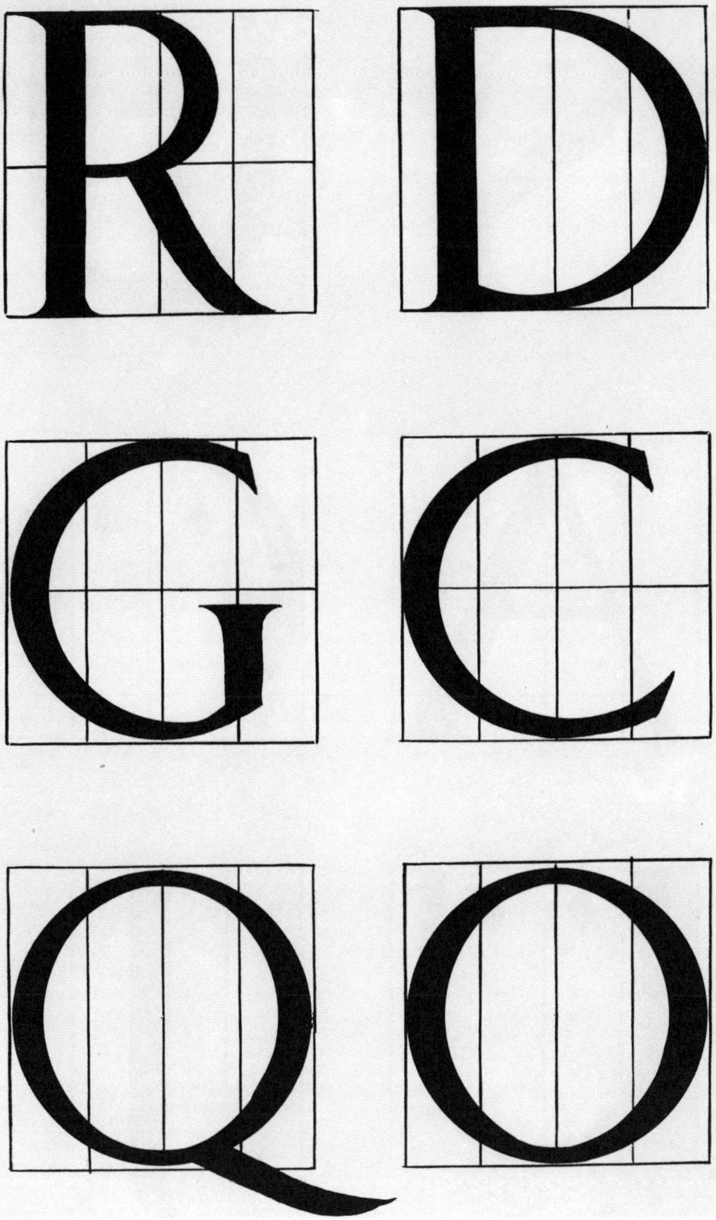

Bei den Wörtern dürfen die Buchstaben nicht in genau gleichem Abstand aneinandergereiht werden. Man stelle entsprechende Übungen an.

EINES
FREUNDES
FEHLER
DARF MAN
KENNEN
ABER
NICHT
NENNEN

Tausende von Hausfronten und aber Tausende von Möbeln tragen nicht die Antiquaschrift, sondern eine verzierte Fraktur. Dem protestantischen Volk kam diese Schriftart durch die gedruckten Bibeln in der zweiten Hälfte des 17. Jahrhunderts vor Augen. Und die Schreibkünstler, deren es damals sehr viele gab, verwendeten Vorlagebücher, wie sie in Nürnberg und Augsburg herauskamen. Beispiele aus einem Schreibvorlagebuch von 1693 sind auf den Seiten 172 und 173 abgebildet.

Wir bringen auf den folgenden Seiten einen etwas einfacheren und strengeren Schrifttyp. Dieser scheint uns für Anfänger zweckmäßig zu sein. Als Vorbild diente uns das Werk des Schreibmeisters Urban Wyß, welches 1549 in Zürich geschaffen wurde. Es ist 1927 in Basel als Faksimileausgabe neu herausgekommen. Dem Schriftbeflissenen seien überdies die Publikationen von Jan Tschichold sehr empfohlen. Jedes seiner Bücher enthält des Grundsätzlichen und Beispielhaften soviel, daß man davon immer wieder reich beschenkt wird und eine Richtschnur bekommt zum eigenen Gestalten.

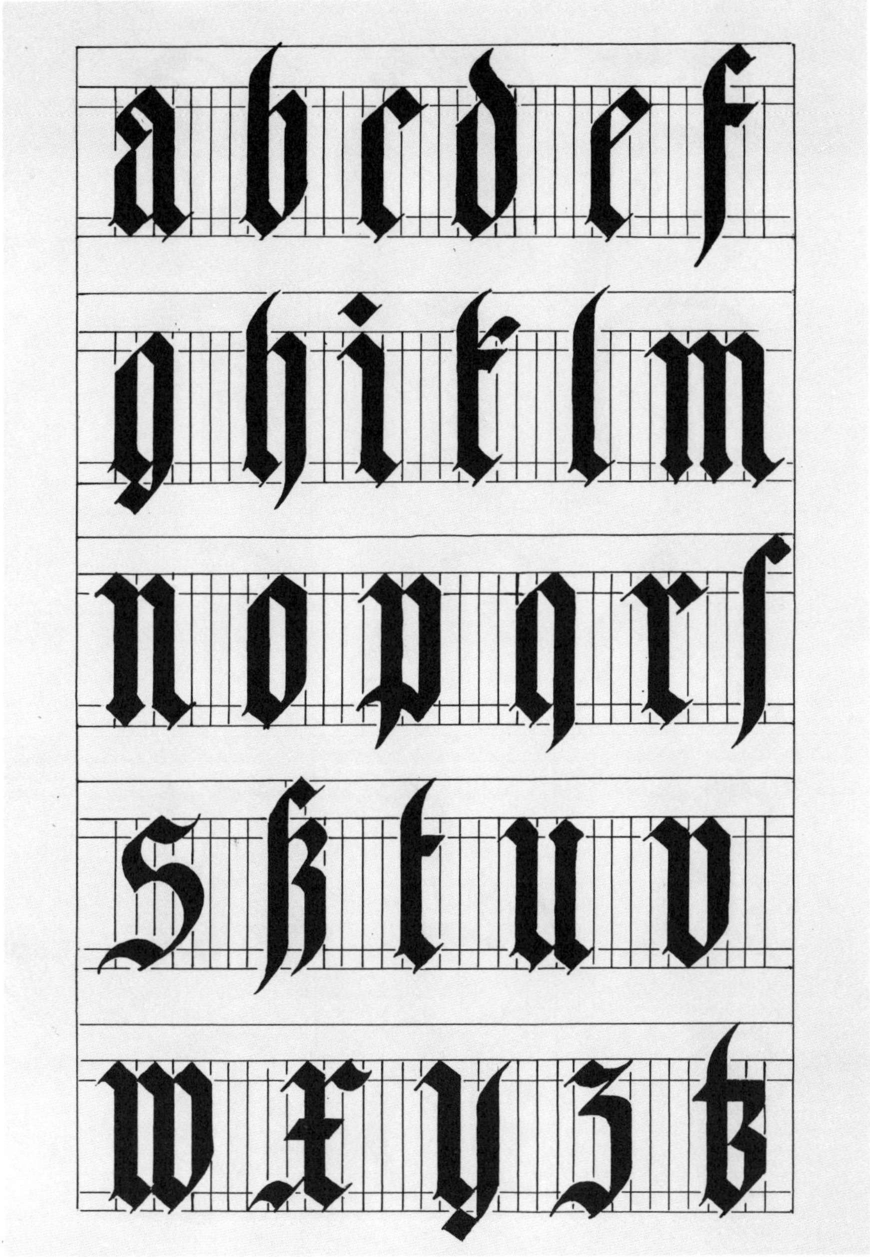

Diese Schrift enthält drei verschiedene s-Formen. Die Textbeispiele auf den Seiten 156 und 157 zeigen, wann jede einzelne Art verwendet werden muß.

Sämtliche Buchstaben sind mit einem Flachpinsel geschrieben.

Es empfiehlt sich, Gruppen von gleichartigen Formen mehrere Male nacheinander zu üben, zum Beispiel B, K, R, oder L, E, F usw.

Das gleiche Alphabet mit Zierlinien versehen. Diese werden mit Spitzpinsel oder, auf Papier, mit Feder angebracht.

Alte Vorbilder zeigen uns, daß eine solche Auszierung sehr reich ausgeführt werden kann. (Siehe Seiten 172 und 173.)

Dieſes ſchö=
ne Haus
hat laſſen
bauen hier
her Peter

Beispiele
tun mehr
als alle
Red'
und Lehr

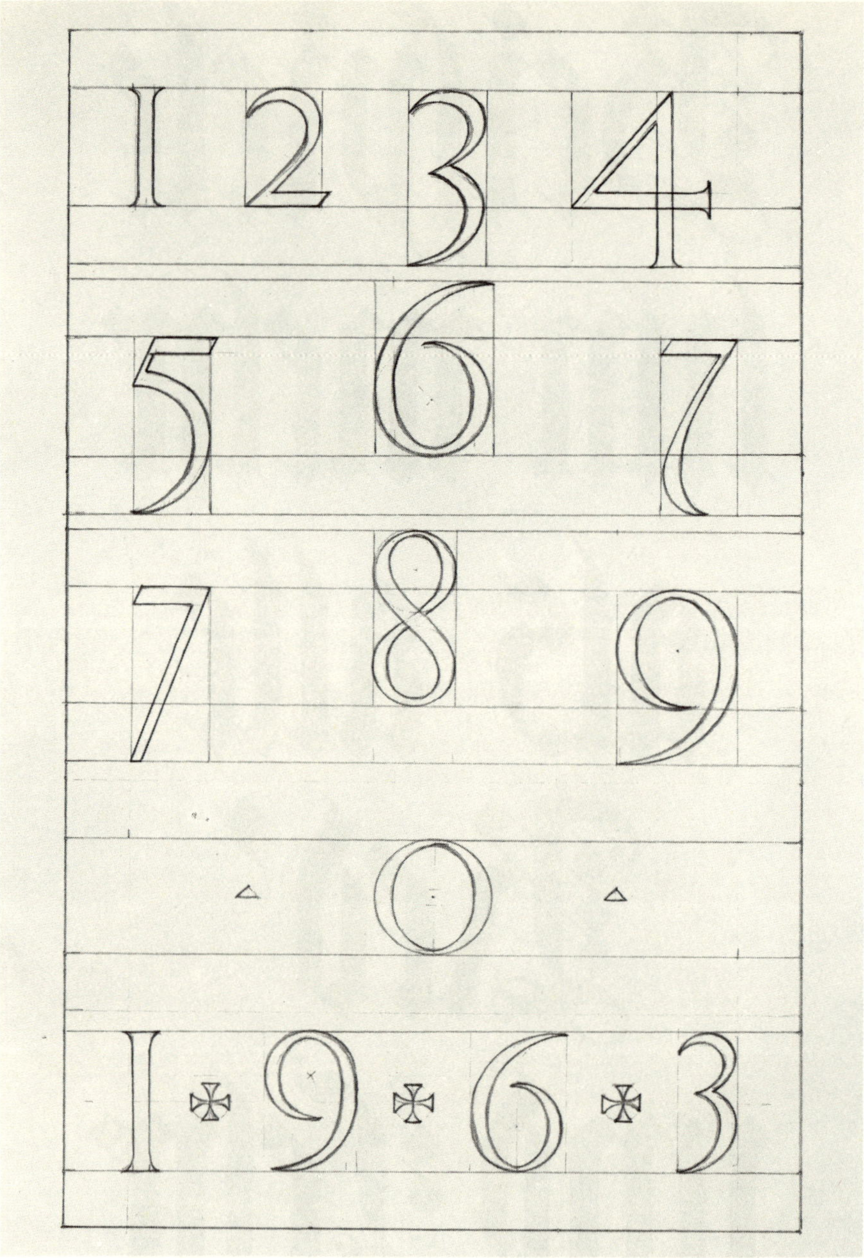

Die Ziffern, wie sie heute auch in den guten Druckschriften verwendet werden und im 16. und 17. Jahrhundert in den Grundformen überall Geltung hatten.

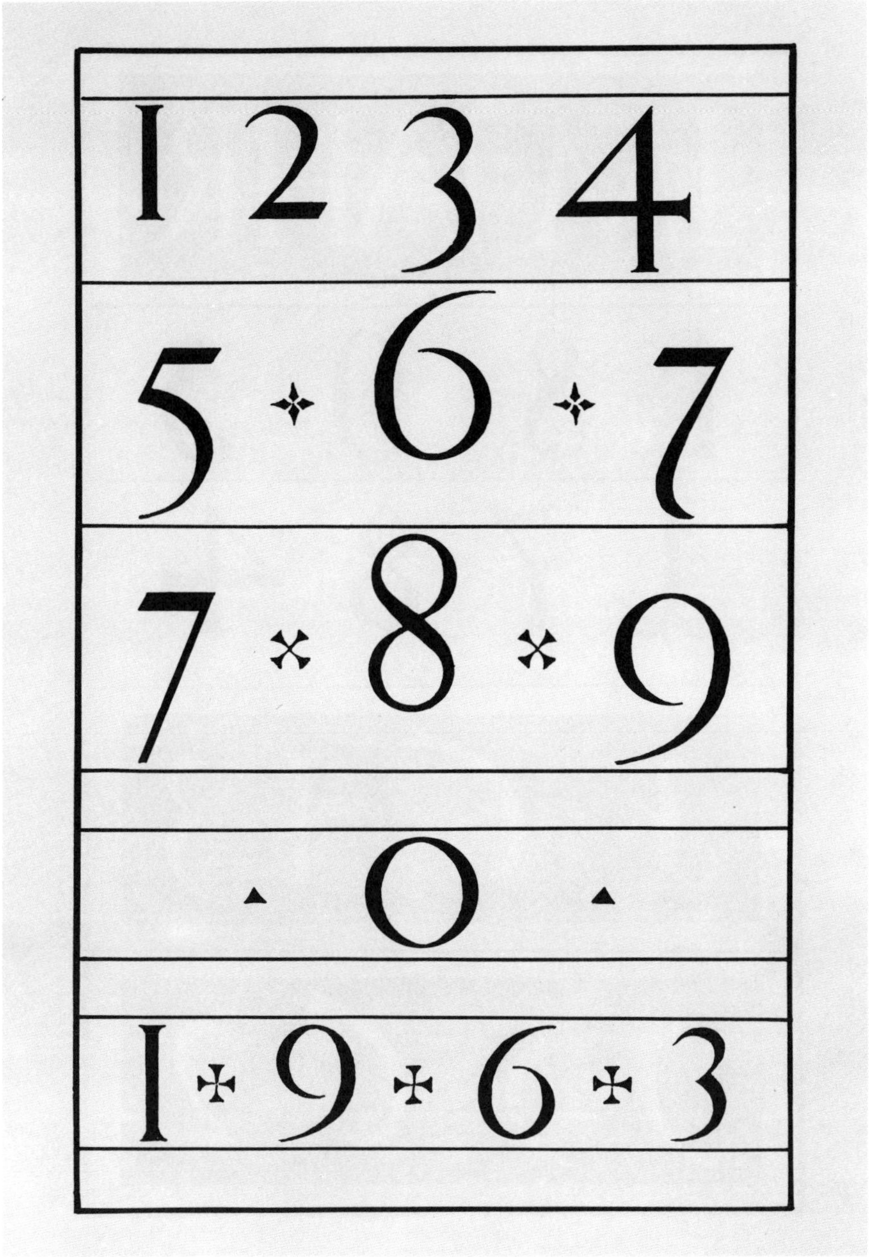
1234
5 6 7
7 8 9
0
1 9 6 3

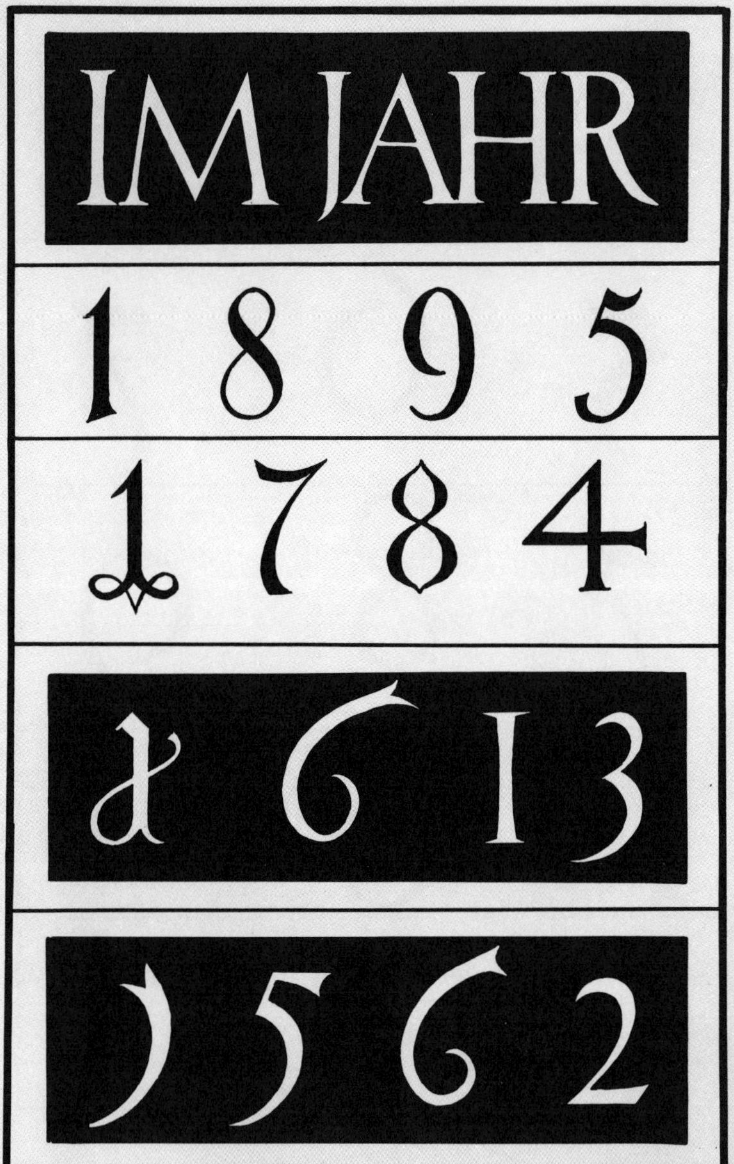

Jahrzahlen aus vier Jahrhunderten. Das Ausfärben des Grundes und Freilassen der Formen kann unter Umständen recht dekorativ wirken.

DAMALS UND HEUTE

Soll man Altes kopieren und nachahmen? Oder darf man nur auf sein Inneres hören und dessen Stimme und Trieb gemäß Neues gestalten?

Ich bejahe zunächst beide Fragen und füge folgendes hinzu: Jede echte und gute Leistung ist es wert, eingehend studiert zu werden, und es ist nützlich, sich die darin enthaltenen Regeln und Grundsätze zu eigen zu machen. Deshalb kann ein Kopieren und Nachahmen zunächst nützlich sein; denn auf diese Weise wird die innere Vorstellungswelt bereichert und aufgerüstet zum nachfolgenden persönlichen Gestalten. Der Mensch kann ohne Erlebnisse nicht dichterisch schaffen; ohne klare Eindrücke von Bestehendem, eingegangen ins Innere durch beobachtendes Auge und zeichnende Hand, kann er auch nicht künstlerisch-ornamental gestalten.

Und zudem: Wer das Volkskunstgut der Ornamentblütezeit des 17. und 18. Jahrhunderts studiert, erkennt, daß damals jede Generation den Schatz von Motiven und die Kompositionsweise der vorhergehenden zunächst übernahm und dann nur behutsam abwandelte. Selbst das beste Zierwerk fußte auf dem guten Ornament eines Vorgängers und offensichtlich hatte nie ein Zierkünstler beabsichtigt, Werk und Können der Vorfahren zu übergehen. Doch er scheute sich auch nicht, Neues, ihm besser scheinendes hinzuzufügen. So entstand stets Eigenständiges und Wertvolles und rückblickend können wir heute feststellen, daß das farbige Zierwerk damals sozusagen in jedem Jahrzehnt sein eigenes Gesicht bekam.

Im letzten Jahrhundert zerging der Faden der Tradition. Wir wollen heute dem Ornament aufs Neue dienen und es uns und unserer Zeit zu eigen machen. Eine sichere und gute Hilfe besteht für uns im ehemaligen Ziergut. Echt und zeitbeständig kann unser Werk nur werden, wenn wir es gemäß eigenen Einsichten und Anschauungen gestalten.

Auch den sogenannten «naiven» Ornamenten unserer Vorfahren in der Art der auf Seite 137 abgebildeten Mauermalerei aus dem Jahre 1738 können wir zweckdienliche Hilfe entnehmen. Wir sind zwar nicht mehr unbefangen, aber die Tulpen-, Nelken- und Traubenreihungen, wie sie hier angebracht wurden, dürften uns vielleicht doch einmal zu einer Komposition anregen, die unserem Empfinden entspricht. Auf alle Fälle entzückt uns ein solches unbeschwertes, flächenfüllendes Drauflosmalen auch heute noch. Und halten wir fest: Der Mann war im sicheren Besitz einiger herkömmlicher Ziermotive, die er nach einer ihm gut scheinenden Regel anordnete. Sein Bestreben ging nicht nach dem Erfinden, sondern nach dem Ordnen der ihm geläufigen Formen, die er auch anderwärts und in andern Techniken anwandte.

Schranktürfüllung (31 cm × 23 cm).
Der Arbeitsgang ist auf den Seiten 133 und 134 beschrieben.

Deckel einer Kassette.
Gefärbter Kleister. Die Zierformen sind mit Hilfe von Schablonen gemalt.

Oben: Truhenmalerei aus dem 17. Jahrhundert. Kleistertechnik, positive und negative Schablonen. *Unten:* Truhenmalerei 1758. Traditioneller Schatz von Motiven, streng geregelte Kompositionsweise. Infolge Auswechslung der Blumenformen von Feld zu Feld entsteht der Eindruck einer reichen Ornamentik.

Schranktüren aus dem Berner Mittelland, um 1750. Die Zierformen sind für Gegend und Zeit charakteristisch. Dichte, strenge Kompositionsweise. Ausgebildete Technik der Kleistermalerei.

Versuchsbrett, Kleistermalerei. Der Arbeitsgang ist auf Seite 133 beschrieben.

Kassettendeckel. Ahorn, chemisch gebeizt. Bemalung mit Plakatfarbe und Redisfeder. Überzug mit Zenitgrund und Seidenglanzlack.

Schrank aus dem Jahre 1784. Der Maler hat die ihm geläufigen Zierformen symmetrisch über die architektonisch reich gegliederte Front verteilt. Nicht alltäglich ist das Verwenden von Gesichtsbildern.

Schranktüre aus dem Jahre 1735. Die breiten Füllungen sind vom Maler in zwei Flächen aufgeteilt worden. Dadurch erhielt er erst zweckdienliche Malfelder. Die sehr dichte Kompositionsweise ergibt ein ruhiges, ausgewogenes teppichartiges Bild.

Kassettendeckel (21 cm × 31 cm). Ahorn. Bemalung mit Plakatfarben. Dann mit Stahlwatte abreiben, bis der Holzgrund gleichmäßig durchschimmert. Umrandungen und Ausgestalten der Formen mit Redisfeder (Sepia und abgetön-

tes Weiß). Überzug mit: 1. Zenitgrund, 2. Schellack, 3. Lasur, Siena gebrannt. (Zwei Tage trocknen lassen) 4. Seidenglanzlack. Abbildung oben: Zifferblatt einer Wanduhr (Lindenholz). Der Entwurf steht auf Seite 74.

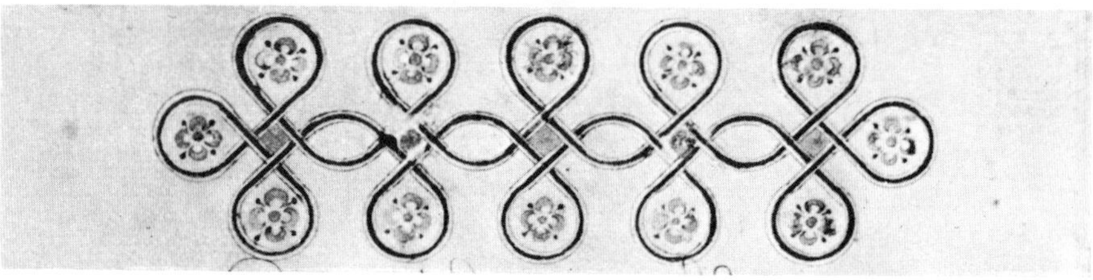

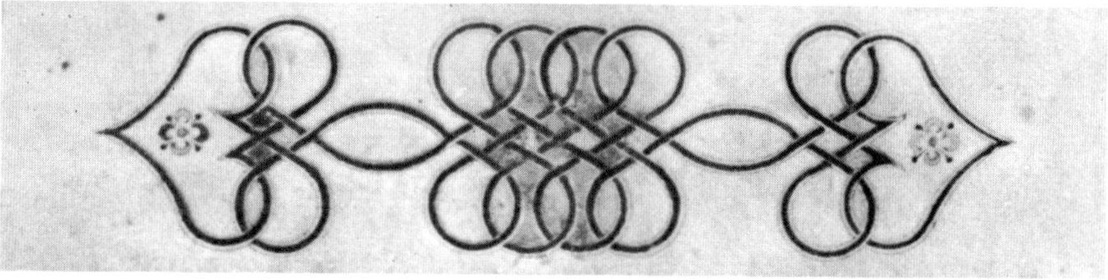

Diese Abschlußverzierungen sind einem Schreibvorlagebuch von 1693 entnommen. Das Flechtband wurde in immer neuen Abwandlungen gestaltet und auch die Bogenlinie, soweit möglich, mit dem Zirkel gezogen, diente als

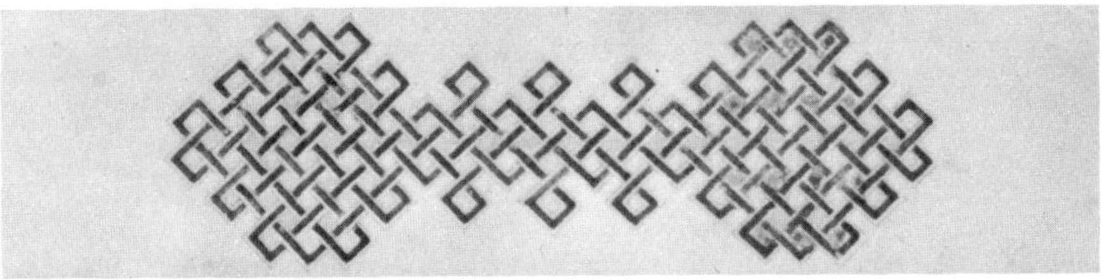

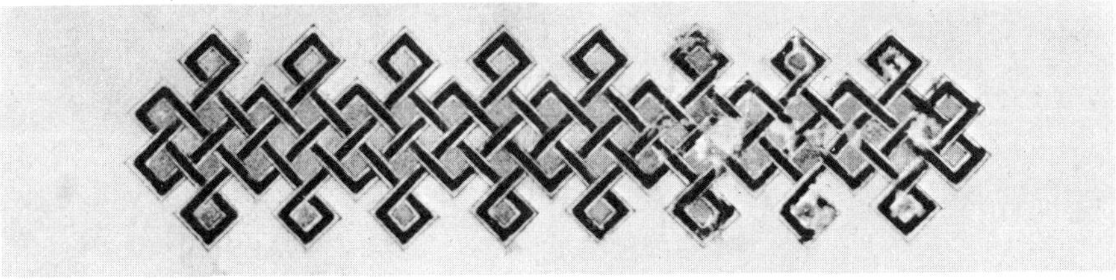

Grundlage zu den vielfältigen Gebilden. Beide Elemente verwendete er auch beim Auszieren der Schrift.

Kassettendeckel (22 cm × 31 cm). Tannenholz. Arbeitsgang siehe Seiten 133–135.

Schranktürfüllung. Tannenholz. Malanleitung siehe Seiten 133–136.

Außerdem empfehlen wir Ihnen

—

Kurt Wehlte, Werkstoffe und Techniken der Malerei

In dieser Enzyklopädie der Maltechnik werden die Erfahrungen des Verfassers aus mehr als 40 Jahren Lehr- und Berufspraxis zusammengefaßt. Das Buch umfaßt alle historisch bedeutungsvollen Werkstoff- und Anwendungsgebiete bis zu modernsten Materialexperimenten. Damit liegt nun erstmals das von der Fachwelt seit langem erwartete, grundlegende Werk über die Werkstoffe und Techniken der Malerei vor. Dieses umfangreiche Fachbuch ist unentbehrlich für den jungen Kunststudenten, für Restauratoren und Kunstwissenschaftler und ein Ratgeber für den Sammler.

856 Textseiten, 32 Farbtafeln, 48 einfarbige Tafeln, 7 Farbenaufstrichtafeln, 4 Seiten Kartonmuster, ISBN 3 473 61157 3

Jan Tschichbold, Meisterbuch der Schrift

Das besondere an diesem langerwarteten Lehrbuch sind die Schriften von zeitloser, bleibender Schönheit. Jedes der Alphabete wurde von dem international angesehenen Schriftmeister eigens für dieses Buch angeordnet. Er schaffte damit ein beispielhaftes Werk für Schriftenmaler, Graphiker, Lithographen, Verlagshersteller, Buchdrucker, Architekten und Kunstschulen.

240 Seiten mit 176 ganzseitigen Schrifttafeln, 2., neubearbeitete Auflage, Leinen mit Goldprägung, ISBN 3 473 68003 6

Otto Maier Verlag Ravensburg